BEI GRIN MACHT SICH IH
WISSEN BEZAHLT

- Wir veröffentlichen Ihre Hausarbeit,
  Bachelor- und Masterarbeit

- Ihr eigenes eBook und Buch -
  weltweit in allen wichtigen Shops

- Verdienen Sie an jedem Verkauf

Jetzt bei www.GRIN.com hochladen
und kostenlos publizieren

Bibliografische Information der Deutschen Nationalbibliothek:

Die Deutsche Bibliothek verzeichnet diese Publikation in der Deutschen National-
bibliografie; detaillierte bibliografische Daten sind im Internet über http://dnb.d-
nb.de/ abrufbar.

Impressum:

Copyright © 2009 GRIN Verlag, Open Publishing GmbH
Druck und Bindung: Books on Demand GmbH, Norderstedt Germany
ISBN: 9783640503155

Dieses Buch bei GRIN:

http://www.grin.com/de/e-book/140176/itil-v3-und-cobit-rahmenwerke-fuer-it-
governance

Johannes Werner

ITIL® V3 und COBIT - Rahmenwerke für IT-Governance

GRIN Verlag

Hauptseminar: Wirtschaftsinformatikseminar
                     im WS 2009/2010

Thema: ITIL V3 und COBIT - Rahmenwerke für IT Governance?

Nummer des Themas: 4

von: Johannes Werner aus Würzburg

1   Cloud-Computing-GAU

Den Verlust aller mittels Cloud-Computing gespeicherten persönlichen Daten, Mails, Kontakte und Termine von einigen hunderttausend amerikanischen Sidekick-Benutzern musste die Microsoft-Tochter Danger.com Anfang Oktober verzeichnen [MICR09]. Einige der Kunden waren dadurch so schwer betroffen, dass Klagen gegen den Konzern wegen Fahrlässigkeit geplant sind. Die Kosten des Imageverlustes für das Cloud-Computing sind erheblich [HEIS09]. Hätte eine gute IT Governance, hätte die Verwendung von Referenzmodellen wie ITIL und COBIT helfen können, so etwas zu vermeiden?

Derzeit haben nur circa 40% aller Unternehmen eine dokumentierte IT Governance, bei großen Unternehmen liegt die Quote um etwa 60% [SCHI09, S. 14]. Im Zuge der Krise wenden die Unternehmen weniger Mittel für ihre IT auf. Die besonderen, gesteigerten Herausforderungen müssen IT-seitig nun voraussichtlich mit den gleichen Mitteln wie im Vorjahr bewältigt werden.

Hilfestellung für einen holistischen Ansatz zur Lösung jenseits reiner Kostenspar-
programme hin zum Werterbringer bietet eine gezielte IT Governance. Praktische
Hilfe zu deren Einführung, Weiterentwicklung und Gestaltung findet sich in einer
Vielzahl von Rahmenwerken, Referenzmodellen, Zertifizierungen und vor allem im
breiten Angebot der Beratungsindustrie.

Der Titel dieser Arbeit wirft gezielt die Frage auf, ob und wie IT Governance durch
ITIL V3 (Information Technology Infrastructure Library) und COBIT (Control Ob-
jectives for Information and related Technology) unterstützt werden kann. Über eine
Eingrenzung des Begriffes IT Governance, eine strukturierte Beschreibung der zwei
genannten Modelle mit anschließender Bewertung und einer zusammenfassenden
Anwendbarkeitsanalyse wird die Frage beantwortet, inwieweit ITIL und COBIT als
Rahmenwerke für IT Governance bezeichnet werden können.

2   IT Governance

In diesem Kapitel werden durch Begriffsabgrenzung, Definitionen und Benennung
von Zielen der IT Governance Ansatzpunkte ermittelt, wo Rahmenwerke wie ITIL
und COBIT Hilfestellung ermöglichen.

2.1   Mehrwert als Wettbewerbsvorteil

Im hoch kompetitiven Marktgeschehen finden jene Leistungen Abnehmer, die unter
Einbezug der Preis-Leistungs-Relation den höchsten Mehrwert bieten. Nur wenn die
strategische Ausrichtung des Unternehmens (Mission, Vision, Strategie) auf diese
Wertschöpfung alle Bereiche durchdringt und sich diese in allen Führungsentschei-
dungen niederschlägt, die Unternehmung ganzheitlich „mehrwertgetrieben" ausge-
richtet ist, kann ein substantieller Wettbewerbsvorteil erreicht werden.

WEILL und ROSS schrieben zum Thema IT Governance 2004 einleitend „…we place
IT in an organizational context as one of the six key assets (human, finance, physical,
intellectual property, IT and relationships that *must be governed to create value*
(Hervorhebung durch den Autor)" [WEIL04, S. VII].

Diese essentielle Grundausrichtung liegt in der Verantwortung der höchsten Unter-
nehmensführung, dies gilt für Corporate Governance im Allgemeinen, wie auch für
IT Governance im Besonderen. Das IT Governance Institute (ITGI) formuliert "…IT
Governance liegt in der Verantwortung des Vorstands und des Managements und ist

ein wesentlicher Bestandteil der Unternehmensführung. IT Governance besteht aus Führung, Organisationsstrukturen und Prozessen, die sicherstellen, dass die IT die Unternehmensstrategie und -ziele unterstützt" [ITGI03, S. 11].

IT Governance ist somit nie Selbstzweck, sondern stets im Kontext des eigenen Betrags zu den Unternehmenszielen insbesondere zur Mehrwertgenerierung zu sehen, was sich auch in der folgenden Begriffsabgrenzung widerspiegelt.

2.2 Eingrenzung, Definition und Ziele

Zum Begriff IT Governance existiert in Literatur und praxi eine vielfältige Auswahl an Definitionen, Ansätzen und Meinungen, mit mehr oder minder großen Überschneidungen und Widersprüchen. Die folgende Definition dient als Arbeitsgrundlage für die Analysen der Folgekapitel.

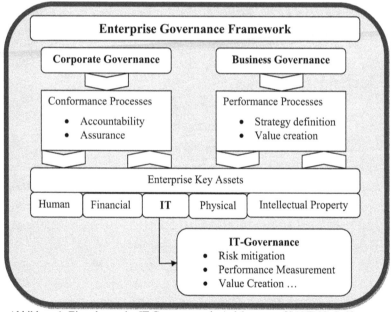

Abbildung 1: Einordnung der IT Governance; in Anlehnung an [SAND08, S. 2]

Der durchgängig verwendete Konzept Governance bezeichnet die „verantwortungsvolle, nachhaltige und auf langfristige Wertschöpfung ausgerichtete Organisation und Steuerung von Aktivitäten und damit das gesamte System interner und externer Leitungs-, Kontroll- und Überwachungsmechanismen" [JOHA07, S. 20].

Die Inhalte von Governance – Führung, Leitung, Kontrolle – finden sich auf verschiedenen, organisatorischen Ebenen und mit unterschiedlichen Schwerpunkten. Wie in Abbildung 1 gezeigt, wirken im Rahmen der Enterprise Governance die Corporate Governance mit der Ausrichtung auf Prozesse zur Erfüllung bestehender Regelungen (Conformance) und die Business Governance auf die Performance orientierten Prozesse. Beide Zielgrößen befinden sich in Wechselwirkung mit den Unternehmenswerten (Key Assets), unter denen für die IT dann die IT Governance abgeleitet wird. Bei dieser entstammt z. B. die Zielsetzung der Risikovermeidung und -minimierung (Risk Mitigation) aus der Corporate Governance, die Forderung nach Ansätzen zur Leistungsmessung (Performance Measurement) und Mehrwertschöpfung (Value Creation) der Business Governance [SAND08, S. 2]. Während andere Autoren die oberhalb der IT Governance getroffene Trennung begrifflich anders fassen, sind die Ableitungen auf diese selbst jedoch meist deckungsgleich. HILB definiert Corporate Governance als System "by which companies are strategically directed, integratively managed and holistically controlled in an entrepreneurial and ethical way in accordance with a particular context" [HILB08, S. 10]. Der Verweis auf den Kontext ist dabei als die spezifische Unternehmensumgebung bezüglich Kunden, Produkt, Assets und Kultur zu begreifen. Neben den lokalen Begebenheiten sind bedingt durch Globalisierung, Internationalisierung, Bestimmungen global agierender Organisationen (IMF, WTO) und den Erwartungshaltungen internationaler Anleger für die Unternehmen eine Fülle von Regeln und Gesetzen einzuhalten. Deren Sicherstellung fällt nach dieser Definition in den Bereich der Corporate Governance, deren Qualität Auswirkungen bis hin zum Investitionsverhalten von Anlegern hat [PFIT05, S. 14].

Abgeleitet auf die IT Governance ergibt sich für diese ein Kanon von Zielen, die wiederum verschiedene Aspekte fokussieren. Während einige Autoren diese singulär ins Zentrum ihrer Abgrenzungen stellen, eine gute Übersicht gibt z. B. [FRÖH07b, S. 3], wird für diese Arbeit die folgende Definition verwendet [FRÖH07a, S. 18f.; SAND08, S. 1f.; MASA06, S. 25-28]:

IT Governance ist die zielgerichtete Gestaltung und Durchsetzung prinzipieller Regelungen

- zu Entscheidungsrechten, Rollen und Verantwortlichkeiten (people perspective),
- zu Prozessdesign und -abwicklungen (process perspective) sowie
- zur Organisation der IT-Assets (portfolio perspective).

Sie erstreckt sich auf die Handlungsfelder (Domänen) IT-Business-Alignment, Value Delivery, Ressource Management, Risk Management mit Compliance und Performance Measurement. Die unterschiedliche Gewichtung und der Zusammenhang zwischen den Domänen werden in Abbildung 2 dargestellt.

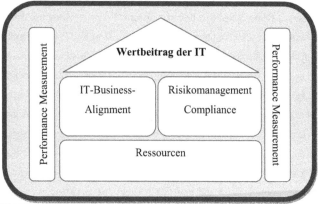

Abbildung 2: IT Governance Domänen; in Anlehnung an [FRÖH07b, S. 3]

Wichtigstes Ziel ist der Beitrag zur Wertschöpfung, der sich auf ein gelungenes IT-Business-Alignment und erfolgreiches Risikomanagement stützt. Basis sind die IT-Ressourcen für die operative Umsetzung. An allen Domänen setzt eine kontinuierliche Leistungsmessung mit Gestaltungseinfluss an. Die Domänen im Einzelnen erklärt Tabelle 1:

Tabelle 1: Domänen der IT Governance aus [ITGI05, S. 7; GAUL06, S. 22]

Domäne	Inhaltsmerkmale
Value Delivery (Wertschöpfung)	Realisierung eines nachweisbaren Wertbeitrages der IT für das gesamte Unternehmen, sowohl unterstützend als auch eigenständig; Eröffnen und Nutzen von Chancen
Risk Management und **Compliance** (Risikomanagement)	Minimierung und Management der IT-Risiken auf einem vertretbaren Niveau; Integration der Verantwortlichkeiten für Risiken in der Organisation; Bewusstsein und Verständnis der Führungskräfte für Risiken und die Compliance-Anforderungen steigern; Transparenz bezüglich bestehender Bedrohungen und Risiken für das Unternehmen herstellen
Strategic Alignment (Strategische Ausrichtung)	Sicherstellung einer Übereinstimmung von Unternehmens- und IT-Zielen, Definition und Validierung des Wertbeitrags
Resource Management	Sicherstellen der Verfügbarkeit benötigter Anwen-

Domäne	Inhaltsmerkmale
(Ressourcen Management)	dungen und Informationen; Management und Verbesserung der Investitionen; Gewährleistung des Vorhandenseins geeigneter Infrastruktur und qualifizierten Personals; Wissensmanagement; verantwortlicher und sparsamer Umgang mit den Ressourcen
Performance Measurement (Kennzahlenorientierte Leistungskontrolle)	Überwachung der Umsetzung von Strategien und Projekten, Leistungen und Verwendung der Ressourcen; Messung der Prozessperformance; Schaffen von Transparenz und Vergleichbarkeit; Quantifizierung von Zielgrößen

Vom Begriff IT Governance abzugrenzen und dieser unterzuordnen ist das IT-Management. Letzteres ist eher gegenwartsorientiert und fokussiert auf effektive Bereitstellung und operative Steuerung des IT-Betriebes. IT Governance verfügt über eine ausgeprägte Zukunftsorientierung, berücksichtigt bei der Geschäftsorientierung interne und externe Kunden und legt einen Schwerpunkt auf die Transformation oder Gestaltung der IT im umfassenden Sinne [JOHA07, S. 22f.].

2.3 Herausforderungen

IT soll Wertbeitrag leisten, direkt und indirekt. Dieser betriebswirtschaftlichen Forderung stehen jedoch konträr einige Herausforderungen gegenüber.

Besonders die **Messbarkeit** der Wertleistung stellt sich schwierig dar. Bekannt sind die Diskussionen um das Produktivitätsparadoxon [PICO97, S. 151-153; MASA06, S. 18-20], oder die fortschreitende Kommodisierung der IT [JOHA07, S. 7-12]. Die Definition von Kennzahlen ist somit wesentlich für eine erfolgreiche IT Governance.

Der Anspruch auf IT-Business-Alignment ist ein temporärer Zustand und daher gleichzeitig ein **kontinuierlicher Prozess**, somit keine einmalige Leistung [OLBR08, S. 7]. Starke Veränderungen seitens IT und Business müssen in Abstimmung gebracht werden. Dem geschäftsgetriebenen Veränderungsdruck auf der einen Seite (business pull) stehen auf der IT-Seite schnelle technische Entwicklungen, kurze Lebenszyklen und Innovationsschübe (technology push) gegenüber [JOHA07, S. 5f.], sodass Alignment dem „Bau einer Brücke zwischen zwei sich bewegenden Ufern" [MASA06, S. 14] gleicht. Häufig findet sich daher treffend die Darstellung der Domänen als IT Governance-Zyklus, z. B. in [GAUL06, S. 22].

Schnelle Reaktionen auf Veränderungen ohne stringente Konzepte können zu stetigen Erweiterungen des Serviceportfolios bei gleichzeitig unzureichender Servicedefinition, fehlenden Strukturanpassungen und unkontrolliert wachsenden Organisationsmodellen führen. Durch **Komplexitätsmanagement** diese Komplexitätsfalle zu vermeiden, gehört ebenfalls zur IT Governance.

Wertbeitrag kann nur bei entsprechender **Kundenorientierung** gewährleistet werden. Neben dem bereits angesprochenen Alignment spielt dabei die **Prozessorientierung** eine tragende Rolle. Mit dem Kundenbedürfnis als Hintergrund gestaltete Geschäftsprozesse so zu unterstützen, dass keine Hindernisse durch funktionale und abteilungsbedingte Strukturen entstehen, fällt somit in den Aufgabenkanon der IT Governance [JOHA06, S. 10]. Die Abstimmung von Strategiebezug und Kundenbezug zur Vermeidung einer einseitigen Ausrichtung ist in diesem Kontext ebenfalls zu leisten [SCHM08, S. 7].

Über alle Prozesse hinweg ist ein adäquater Qualitätslevel einzuhalten, um die anderen Ziele erreichen zu können. **Qualität** zu definieren, durchzusetzen, zu kontrollieren und kontinuierlich anzupassen, ist eine weitere Herausforderung der IT Governance. Insbesondere sind dabei die drei Aspekte Effektivität, Effizienz und Konformität wirksam zu organisieren.

Alle Domänen werden ferner von der Forderung nach **Transparenz** tangiert. Für die allgemeinen Steuerungs- und Kontrollprozesse ist diese ebenso wesentlich wie für Messung, Risikomanagement und Wertschöpfung. IT Governance kann durch Schaffung von Transparenz sowohl bestehende Informationsasymmetrie, z. B. zwischen den Kapitalmarktteilnehmern einerseits und dem Management der Gesellschaft andererseits abbauen, als auch so durch Vertrauensbildung den Kapitalzufluss fördern [PFIT05, S. 13 u. 208]. Insbesondere ermöglicht Transparenz die Ungleichverteilung von Informationen und Prozesswissen innerhalb der Unternehmung zu verringern und so die Rolle der IT als Werttreiber zu erfüllen.

IT ist nicht nur Unterstützer bestehender Prozesse, sondern kann bei entsprechender Ausrichtung als Innovator und Enabler für neue Bereiche maßgeblich zur Wertschöpfung beitragen. **Innovationsmanagement** ist somit ebenfalls ein Auftrag für IT Governance.

Die Aufgaben der IT Governance sind ersichtlich vielfältig und stellen in praxi eine große Herausforderung für die Unternehmen dar. Die kontinuierliche Investition von Zeit und Kapital in eine passgerechte, leistungsfähige IT Governance ist jedoch durch deren Beitrag zum Unternehmenserfolg, vor allem auf lange Sicht, gerechtfertigt.

3 Rahmenwerke, Referenzmodelle und Standards

Für die weitere Verwendung werden in diesem Abschnitt die Begriffe von Referenzmodell, Rahmenwerk und Standards auf Abgrenzung, Überschneidung und kontextbezogenen Nutzen hin untersucht.

3.1 Definitionen

Der in englischen Publikationen häufig verwendete Begriff ‚framework' wird zum Teil undifferenziert als Rahmenwerk oder als Referenzmodell ins Deutsche übernommen. Für die Zielsetzung dieser Arbeit ist das Konstrukt Referenzmodell zielführender, dessen Haupteigenschaften partiell die eines Rahmenwerkes erfüllen, was eine analoge Verwendung rechtfertigt [JOHA06, S. 7 u. 14f.; JOHA07, S. 24].

Referenzmodelle definieren sich durch die Gruppe der folgenden Eigenschaften.

- Abstraktion – die dem Modell zugrunde liegende Realität wird auf relevante Eigenschaften reduziert, erlaubt aber die Konkretisierung für den spezifischen Anwendungsfall [FETT04, S. 1; SCHE06, S. 65f.],

- Allgemeingültigkeit für eine Klasse von Anwendungsfällen [THOM06, S. 12],

- Empfehlungscharakter – Sollcharakter für eine Klasse von Anwendungsfällen [THOM06, S. 13] und

- Nutzerseitige Akzeptanz – tatsächliche Verwendung und Verbreitung, nicht aber reine Deklaration konstituieren den Referenzcharakter [THOM06, S. 14-17].

Insbesondere der letzte Punkt stellt die Verknüpfung zum Standard dar. Der Begriff findet sich dabei im engeren Sinne der deutschen Bedeutung in Verwendung, nicht als sprachliches Gegenstück zum englischen Standard, der eher als Norm zu übersetzen ist. Ein **Standard**

- zeichnet sich durch hohe Akzeptanz und Verbreitung bei der betroffenen Nutzergruppe aus;

- ist selbst nur formal definiert, aber nicht normiert und

- kann aber Überschneidungen mit einer Norm besitzen.

Letzteres kommt bei einer Überführung von Standards in Normen zustande. Die Verwendung der Termini ‚Industrie-Standard' und ‚de-facto-Standard' knüpfen an den englischen Begriff an und heben eine große, nicht normierte Verbreitung hervor. Sie werden entsprechend der vorherigen Definition subsumiert.

3.2 Vorteile durch Referenzmodelle

Da Referenzmodelle Prozesswissen bereitstellen, das bei der Modellierung genutzt werden kann, weist ihre Verwendung eine Reihe von Vorteilen auf:

- Höhere Qualität des zu konstruierenden, spezifischen Modells,

- Struktur und Hinweise für dessen Erstellung bzw. Umsetzung,

- geringere Risiken,

- Einsparung von Kosten,

- Einsparung von Zeit und

- einfache Wiederverwendbarkeit [FETT04, S. 1; THOM06, S. 7].

Unterschiedliche Referenzmodelle tragen dabei verschieden stark zu den genannten Vorteilen bei. Der nächste Abschnitt nennt eine kleine, thematische Auswahl.

3.3 Referenzmodelle im Umfeld der IT Governance

Im Zusammenhang mit IT Governance wird in den Publikationen mit großer Übereinstimmung ein bestimmter Kanon an Referenzmodellen genannt. Eine umfassende Übersicht findet sich bei [JOHA07, S. 24f.]. Daraus stammen folgende Beispiele, deren Schwerpunkt jeweils in Klammern steht: COSO (interne Kontrollen), ValIT (Governance of IT-Investments), EFQM (Qualitätsmanagement) oder Prince2 (Projektmanagement) sowie COBIT und ITIL, die in den Folgekapiteln vorgestellt werden.

4 ITIL V3

Das Referenzmodell ITIL V3 wird in diesem Kapitel in seinen Grundzügen vorgestellt, wobei ein kurzer historischer Abriss, das Vorstellen von Struktur, Inhalten und Leistungen dieses Modells die Inhalte gliedern.

Die Vorgängerbehörde und inzwischen das englischen Office of Government Commerce (OGC) sammeln seit 1989 im Auftrag der Britischen Regierung Darstellungen und Beschreibungen von Geschäftsprozessen der IT, die aus IST-Analysen und Befragungen aus der Praxis gewonnen werden. Diese Bibliothek ist die IT Infrastructure Library. Nach Revisionen und einer Konsolidierung von 31 auf sieben Kernbücher und die Einführung der Teilung in Service Support sowie Service Delivery wurde ITIL V.2 publiziert. 2007 wurde ITIL V3 (im Folgenden nur ITIL) vorgestellt, dessen Kerninhalte in fünf gleichartig aufgebaute Bücher zusammengefasst sind [OLBR08, S. 1; ITSM07, S. 8].

4.1 Struktur von ITIL

ITIL beschreibt alle grundlegenden Prozesse des Service Lifecycles. Dieser umfasst fünf Hauptelemente: Service Strategy, Service Design, Service Transition, Service Operation und Continual Service Improvement [ITSM07, S. 8f., OLBR08, S. 144]. Den Zusammenhang zwischen den einzelnen Elementen verdeutlicht die folgende Grafik, wobei genauere Erläuterungen zu Inhalten und Verbindungen im anschließenden Kapitel folgen.

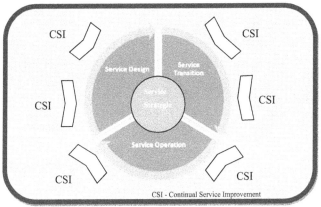

Abbildung 3: ITIL Service Lifecycle; in Anlehnung an [ITSM07, S. 9]

Die Struktur entspricht den fünf Kernbüchern gleichen Namens. Sie wird ergänzt um Publikationen zu Themen wie Qualifikationen, Fallstudien, Quick Wins, Studienhilfen oder dem Pocket Guide [ITSM07, S. 9; OLBR08, S. 144]. Mit der Version V3 hat ITIL einen einheitlichen Aufbau und ein klare Struktur gewonnen.

4.2 Inhalte von ITIL

Die Bedürfnisse des Kunden sind Ausgangs- und Endpunkt der ITIL-Prozessbeschreibung. Es erfolgt keine Trennung von Dienstleistungen für interne oder externe Kunden. Die Generierung von Mehrwert erfolgt in Form von Services, wobei sich der Wert aus den Kernkomponenten Zweckmäßigkeit (Utility) und Gebrauchstauglichkeit (Warranty) zusammensetzt [BUHL08, S. 170, BÖTT08, S. 16]. Deren Lebenszyklus wird ganzheitlich betrachtet. Der Prozess von der Ermittlung des Bedarfs, über den Entwurf entsprechender Services, deren Betrieb unter kontinuierlicher Verbesserung bis hin zur Lieferung der Leistung wird in fünf Phasen gegliedert und beschrieben [HUBE09, S. 17].

Die Zuordnung der Prozesse zeigt das jeweilige Haupteinsatzgebiet auf, eine Verwendung in anderen Phasen ist aber ebenfalls möglich [BUHL08, S. 16]. Wegen der besonderen Bedeutung und ihrer Rolle für die anderen Phasen erfolgt die Beschreibung der ersten Phase etwas ausführlicher.

Service Strategy umfasst alle Prozesse zur Festlegung einer ganzheitlichen Strategie für die Services und das Servicemanagement. Sowohl die Schnittstelle zum Markt als auch die Aufstellung grundsätzlicher, interner Service Management Policies werden prozessual beschrieben und bilden somit den konzeptuellen und strategischen Hintergrund der IT-Dienstleistungen über den gesamten Lebenszyklus. Die Prozesse im Einzelnen sind:

▪Service Strategy	▪Financial Management
▪Define the Market	▪Return on Investment
▪Develop the Offerings	▪Service Portfolio Management
▪Develop Strategic Assets	▪Strategy and Organization
▪Prepare for Execution	▪Demand Management
▪Service Economics	[OLBR08, 146-148; ITSM07, S. 15-17]

Bei der Festlegung der Services im Rahmen der Strategie werden alle Mittel und Methoden, mit denen geplant, gesteuert, entwickelt, erzeugt und vertrieben wird, als Service Assets deklariert. Dazu gehören neben den klassischen Ressourcen, wie Mitarbeiter, Infrastruktur, Kapital und Informationen, auch Fähigkeiten. Diese umfassen Management, Organisation, Prozesse und Wissen. Das Service Management selbst wird zum strategischen Asset aufgewertet.

Hervorzuheben ist der Zeitbezug, der z. B. im Demand Management neben den aktuellen auch die zukünftigen Kundenbedürfnissen berücksichtigt. Wirtschaftliche Aspekte werden nicht nur im Prozess Financial Management einbezogen, sondern finden sich auch bei Service Economics und Return of Investment (ROI) Prozessbeschreibungen. Die Bewertung der Kosten und Risiken ist ein weiterer Aspekt der Service Strategy [HUBE09, S. 18f.; BUHL08, S. 18; OLBR08, S. 146].

Service Design bricht die Ergebnisse der ersten Phase in operativ verwertbare Services und Service Asset Zuordnungen herunter. Konzeption und Entwicklung erfolgen strategiekonform und unter Berücksichtigung der Business Requirements. Alle dabei wichtigen Aspekte werden in den Unterprozessen beschrieben und berücksichtigt [HUBE09, S. 19-21; BUHL08, S. 20-23].

- Service Catalogue Management
- Capacity Management
- Service Continuity Management
- Supplier Management

- Service Level Management
- Availability Management
- Information Security Management
[BUHL08, S. 22; ITSM07, S. 18-23]

Service Transition beschreibt Prozesse für die Überführung der Services in die operative Nutzung. Zeitplangerechte Bereitstellung, Tests, Evaluation, Kosten und Risiken dieser Phase bis hin zu Ressourcenzuordnung werden umfasst. Ziel ist auch eine hohe Stabilität des Services von Anfang an, unter Einhaltung gegebener Effektivitäts- und Effizienzkriterien [HUBE09, S. 21; BUHL08, S. 23-26].

- Transition Planning & Support
- Service Asset & Configuration Mgmt
- Service Validation & Testing
- Knowledge Management

- Change Management
- Release & Deployment Management
- Evaluation
[BUHL08, S. 25f.; ITSM07, S. 25]

Service Operation beinhaltet die Prozesse, die zur Bereitstellung der Services im operativen Betrieb erfolgen. Auf Basis vereinbarter Service Levels erfolgt dieser effektiv und effizient, werden notwendige Ressourcen bereitgestellt und das Management auftretender Störungen beschrieben [HUBE09, S. 23-26; BUHL08, S. 27-29].

- Event Management
- Request Fulfillment
- Access Management
- Operation Activities

- Incident Management
- Problem Management
[BUHL08, S. 28; ITSM07, S. 29-32]

Continual Service Improvement (CSI) berücksichtigt rechtzeitig sich ändernde Geschäftsanforderungen und stellt die kontinuierliche Anpassung und Qualität sicher. Dabei werden die einzelnen Services, das IT-Management als Ganzes und die Prozesse zur Serviceerbringung adressiert. Messen, Kennzahlen sowie entsprechendes Reporting und die Kontinuität der Tätigkeiten auf Basis des Qualitätskreises von Denning (Plan-Do-Check-Act) sind Inhalt dieser Phase. Abweichend vom allgemeinen Aufbau findet ROI for CSI eine gesonderte Erwähnung. Wie in 4.1 gezeigt, setzen diese Prozesse an allen anderen Phasen an und finden kontinuierlich statt [HUBE09, S. 26; BUHL08, S. 29f.].

- The 7 Step Improvement Process
- Service Measurement
- The Business Questions for CSI
- Service Level Management

- Service Reporting
- Return on Investment for CSI
[BUHL08, S. 30f.; ITSM07, S. 36-40]

Die Inhalte von ITIL führen somit durch den gesamten Lebenszyklus eines Services, wobei in allen Phasen die Konzentration auf den Kunden in Form der Sicherstellung der gezielten Werterbringung als Leitmotiv sichtbar ist.

4.3 Leistung von ITIL zur IT Governance

In diesem Abschnitt werden mögliche Beiträge von ITIL zur IT Governance analysiert. Es erfolgt ein Abgleich mit den in 2.2 definierten Handlungsfeldern mit einer Einschätzung und Begründung.

Tabelle 2: Leistung der ITIL zur IT Governance

Beitrag zu	Wertung	Begründung
Value Delivery (Wertschöpfung)	stark ausgeprägt, vordergründiges Ziel	Gesamtansatz der Serviceorientierung und der Zentrierung auf das Kundenbedürfnis als durchziehenden Leitgedanken sowie die Sicherstellung der Qualität über den Lebenszyklus.
Risk Management und **Compliance** (Risikomanagement)	gering ausgeprägt	Berücksichtigung in Teilprozessen, jedoch keine übergreifende Hauptzielrichtung
Strategic Alignment (Strategische Ausrichtung)	stark ausgeprägt	bei Berücksichtigung der Empfehlungen von Service Strategy und CSI über den gesamten Zyklus sichergestellt und explizit angestrebt
Resource Management (Ressourcen Management)	stark ausgeprägt, Hauptausrichtung	in allen Phasen enthalten und als Mittel zum Zweck von sehr vielen Seiten berücksichtigt. Viele Hinweise zum zweckmäßigen Umsetzen
Performance Measurement (Kennzahlenorientierte Leistungskontrolle)	mittel ausgeprägt	Praktikable Leistungsindikatoren (KPI) und Metriken werden bei einigen Prozessen aufgeführt, sind jedoch sehr spezifisch und nicht in ein Gesamtmodell eingebunden. Umfassende Kennzahlen zum Gesamterfolg des Modells fehlen. Service Measurement liefert hier nur bedingt über die Serviceperspektive Ansätze.

Es lassen sich einige der in 2.3 beschrieben, besonderen Herausforderungen zeigen, zu deren Bewältigung ITIL ebenfalls Beiträge leisten kann.

Die Gestaltung der IT Governance als **kontinuierlicher Prozess** wird durch den Lebenszyklusansatz und das begleitende CSI sehr gut berücksichtigt. Insbesondere in der Phase Service Design wird durch Service Portfolio Management sowie in den Prozessen Service Catalogue und Change Management Hilfestellung zum **Komplexitätsmanagement** gegeben. Der Dienstleistungscharakter steht jedoch über den Zielen „schlanke IT" und Standardisierung. Die Gestaltung der Leistungserbringung als Prozesse mit konkreter Ausrichtung auf die Kundewünsche ist konsistent im gesamten Modell und sichert eine hohe **Prozess- und Kundenorientierung**. Ebenfalls sehr gut berücksichtigt ist das Ziel **Qualität**. Umsetzung erfolgt einerseits durch die vielfache Berücksichtigung in den Prozessen selbst, andererseits aber auch durch die umfassende Nennung zu berücksichtigender Aspekte, was eine hohe Gesamtqualität der IT-Dienstleistung sichert. **Transparenz** ist hingegen kein explizites Ziel. Es wird über die Empfehlungen von ITIL zur Strukturierung die Gesamtgestaltung der Prozesse zwar deutlich klarer, als konkrete Transparenzziele lassen sich jedoch nur einige Finanz- und Zählgrößenvorschläge deuten. Auch eine getrennte Zielsetzung zur Erhöhung der Transparenz aus Dienstleistersicht und Kundensicht sind nicht ausgeprägt.

ITIL leistet somit insgesamt sehr starke Hilfestellung für die IT Governanceziele Prozessdesign und Prozessabwicklungen sowie zur Organisation der IT-Assets und einen guten Beitrag zu Entscheidungsrechten, Rollen und Verantwortlichkeiten.

5 COBIT

COBIT wird in diesem Kapitel in seinen Grundzügen vorgestellt, wobei ein kurzer historischer Abriss, das Vorstellen von Struktur, Inhalten und Leistungen dieses Modells die Inhalte gliedern.

COBIT wird derzeit in der Version 4.1 vom IT Governance Institute (ITGI) herausgegeben, es hat seine Wurzeln im Audit und Controllingbereich. Über mehrere Versionen hat sich der Fokus von COBIT seit 1996 allerdings erweitert und besteht aus 34 IT-Prozessen mit zugeordneten Kontrollobjekten (Control Objectives) und ist damit mehr als die ursprüngliche Sammlung von Kontrollzielen für IT-Revisionen [FRÖH07a, S. 77]. Die Forderungen an Unternehmen u.a. aus dem Sarbanes-Oxley Act und aus Basel II sind ebenso in die Entwicklung eingeflossen, wie verschiedene andere nationale und internationale Standards aus den Bereichen Steuerung, Sicherheit und Qualitätssicherung [HUBE09, S. 8; JOHA07, S. 44f.].

Die Publikation der ITGI zu COBIT schließen neben dem Kernmodell weitere Dokumente ein, so z. B. ein Executive Summary für die Zielgruppe der Geschäftsleitung und Führungsebene oder der User Guide for Service Managers. Auch die

Control Objectives werden in einem gleichnamigen Dokumentationsband genauer er-
läutert [MASA06, S. 182-187].

5.1 Struktur des COBIT Kernmodells

Die Veröffentlichungen der ITGI beschreiben einen weiteren Rahmen sowohl an
Themen als auch an Zielgruppen rund um das Kernmodell. Auf abstrakter Ebene sind
die Zusammenhänge von Unternehmensforderungen, IT-Prozessen und IT-
Infrastruktur als drei Dimensionen dargestellt. IT-Prozesse bestehen aus Aktivitäten
und werden in Domänen gruppiert. Realisiert werden diese mittels der verschiedenen
IT-Ressourcen, wobei die Steuerung so erfolgt, dass die Ziele Sicherheit, Qualität
und Zuverlässigkeit in Form von sieben Unternehmensanforderungen erfüllt werden
[HUBE09, S. 8; JOHA07, S. 55f.]. Abbildung 4 zeigt alle drei Dimensionen im so-
genannten COBIT-Würfel.

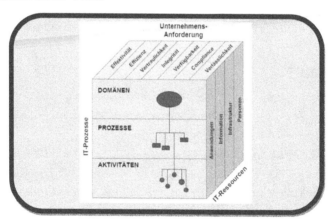

Abbildung 4: COBIT-Würfel; in Anlehnung an [ITGI05, S. 26]

Die vier Domänen stellen Kontrollbereiche dar und untergliedern sich in insgesamt
34 Prozesse, die ein Kontrollziel (High-Level Control Objectives) jeweils mit einem
IT-Prozess verbinden. Dem untergeordnet sind detaillierte Aktivitäten als Kontrollziele zur Erreichung (Control Objectives). Deren Erfüllungsgrad kann mit Hilfe eines
sechsstufigen Reifegradmodells gemessen werden [HUBE09, S. 10f.].

Die Inhalte und Zusammenhänge sind im Fokus des nächsten Abschnitts.

5.2 Inhalte des COBIT Kernmodells

Die gezeigten Unternehmensanforderungen werden als Informationskriterien bezeichnet, die durch entsprechende Nutzung der IT-Ressourcen sicherzustellen sind. Im Zentrum steht somit abstrahiert der Begriff der Information und seine Kriterien, die es durch die als Kreislauf angeordneten Kontrollbereiche, deren Prozesse und Aktivitäten zu erreichen gilt.

Die Domäne **Planen und Organisieren** enthält zehn Prozesse zur strategischen, technischen und organisatorischen Rahmengestaltung der IT. Im ‚top-down-Verfahren' werden von der Strategie, über die Gestaltung der IT-Architektur sowie der IT-Investitionen, das Risikomanagement bis hin zum Projektmanagement Kontrollziele definiert [ITGI05, S. 31]. Bereitstellung, Wartung, Pflege und Änderungen von IT-Ressourcen werden in der Domäne **Beschaffen und Implementieren** über sieben Prozesse betrachtet [ITGI05, S. 77]. In der Domäne **Liefern und Unterstützen** sind Konfigurations- und Problemmanagement sowie Managementanweisungen bezüglich der Kapazitäten, Finanzen und Dienstleistungen enthalten [ITGI05, S. 111].

Anhand von Evaluierungsprozessen zur IT-Performance, Sicherstellung der Compliance mit Vorgaben und IT Governance wird das Unternehmen bezüglich Qualität und Zielerfüllung in der Domäne **Überwachen und Prüfen** kontrolliert [ITGI05, S. 169]. Hervorzuheben ist die jeweils explizite Nennung von Management Guidelines im Modell, die den Zusammenhang von Zielen, Treibern und Messgrößen darstellt. Alle Bereiche werden je Prozess detailliert ausformuliert. Inwieweit das Modell damit zur IT Governance beitragen kann, ist Inhalt des Folgeabschnitts.

5.3 Leistung von COBIT zur IT Governance

IT Governance ist ein explizites Thema von COBIT. Besonders durch die ergänzenden Veröffentlichungen wird ein großer Beitrag zur Bewusstmachung, Erklärung und Hilfestellung gegeben. In der folgenden Betrachtung wird jedoch auf den Beitrag des Kernmodells fokussiert. Tabelle 3 zeigt, inwieweit die Handlungsfelder der IT Governance durch COBIT unterstützt werden.

Tabelle 3: Leistung von COBIT zur IT Governance

Beitrag zu	Wertung	Begründung
Value Delivery (Wertschöpfung)	mittel ausgeprägt, eher indi-	Die Ausrichtung auf Unternehmens- ziele steht zwar über allem, bleibt je-

Beitrag zu	Wertung	Begründung
	rekt	doch sehr generisch und abstrakt.
Risk Management und **Compliance** (Risikomanagement)	stark ausgeprägt	Berücksichtigung in vielen Teilprozessen, Abbildung in großem Umfang
Strategic Alignment (Strategische Ausrichtung)	mittel ausgeprägt	Wenn durch Ziele das Informationskriterium Effektivität bedient wird, steht das Alignment indirekt im Fokus.
Resource Management (Ressourcen Management)	stark ausgeprägt, Hauptausrichtung	Über alle Phasen wird durch die ausführlichen Formulierungen das Management der vier Ressourcen sehr gut transportiert.
Performance Measurement (Kennzahlenorientierte Leistungskontrolle)	stark ausgeprägt, Hauptausrichtung	Die Indikatoren sind ein Schwerpunkt des Modells. Alle Prozesse enthalten ausformulierte, sinnvolle und sehr konkrete KPI, GKI und IT-GKI.

Es folgt die Analyse, welche der besonderen Herausforderungen der IT Governance sich durch COBIT bewältigen lassen.

Messbarkeit durch Kontrollziele ist ein Schwerpunkt von COBIT und wird über eine Vielzahl von Indikatoren gut umgesetzt. Das Verhältnis von Aufwand und Nutzen einiger detaillierter Kennzahlen ist im Einzelfall zu prüfen, ebenso deren Wert im übergreifenden Benchmarking. Über diese Kennzahlen kann sehr gut eine allgemeine **Transparenz** erreicht werden, eine Verdichtung zur Gesamtanalyse wird jedoch nicht geboten. Trotz der Kreislaufdarstellung der vier Domänen in COBIT ist kein eigener IT-Prozess für die Sicherstellung allumfassender, **kontinuierlicher Verbesserungen** vorgesehen. Durch die häufige Berücksichtigung in einzelnen Kontrollzielen, wie bspw. in ,Manage die IT' (PO5) oder ME4 und der Einbindung in die fünfte Stufe des Reifegradmodells wird zu dieser Herausforderung jedoch sehr gute Hilfestellung gegeben. Viele Autoren bezeichnen COBIT als prozessorientiert, was durch die spezifische Orientierung an den genannten IT-Prozessen berechtigt scheint. **Prozessorientierung** im Sinne von IT-Services als Abbildung von Geschäftsprozessen ist im Modell jedoch nicht gut unterstützt, da es herkunftsbedingt über informationsbezogene Kontrollziele steuert. Viele Zielgrößen beziehen sich auf die Kunden, insbesondere die Einbeziehung der Balance Scorecard leistet zur Erfüllung der **Kundenorientierung** wertvolle Unterstützung. Umfassendes **Qualitäts**management über alle vier Domänen hilft bei der Bewältigung dieser Herausforderung. **Komplexitätsmanagement** als Aufgabe ist im Modell berücksichtigt und findet sich vor allem in den Prozessen zur Architektur sowie bei Beschaffung und Implementierung.

COBIT leistet somit insgesamt eine sehr starke Hilfestellung für die IT Governance-ziele zur Organisation der IT-Assets sowie zu Entscheidungsrechten, Rollen und Verantwortlichkeiten und einen guten Beitrag zu Prozessdesign und Prozessabwicklungen.

6   Erkennen – Gestalten – Verbessern

Wenn Unternehmen die Relevanz und Notwendigkeit einer zielgerichteten IT Governance erkannt haben, stellt sich die Herausforderung einer erfolgreichen Umsetzung und kontinuierlicher Verbesserung.

Es wurde aufgezeigt, dass ITIL und COBIT dabei maßgebliche Hilfestellung geben können. Sowohl ITIL als auch COBIT erfüllen die in 3.1 genannten Anforderungen eines Referenzmodells. Beide sind in den Formulierungen generisch gehalten und weder branchen- noch größenabhängig. Die Empfehlungen sind jedoch für die Governance der IT generell gültig und skizzieren erprobte Sollzustände und Hilfestellung zu deren Erreichung. Auch eine entsprechende Nutzerakzeptanz ist gegeben. Eine repräsentative Untersuchung von 2005 zeigt für ITIL einen 13% und für COBIT einen 10% Gesamtnutzungsgrad [JOHA07, S. 35], Angaben von 2009 beinhalten bei Unternehmen mit IT Governance die Verwendung von ITIL in 60% und COBIT in 20% der Fälle [SCHI09, S. 8]. Die eingangs gestellte Frage kann somit klar beantwortet werden: ITIL und COBIT sind Rahmenwerke für die IT Governance.

Unternehmen mit und ohne dokumentierte IT Governance schätzen deren Nutzen sehr verschieden ein. Stehen bei den letzteren „Kosteneinsparungen" oder „Verbesserung des IT-Ressourceneinsatzes" im Vordergrund, sind bei der anderen Gruppe „Klarheit in Rollen und Verantwortlichkeiten" und „Bessere Unterstützung des Business durch IT" am häufigsten genannt [SCHI09, S. 4]. Die Einführung und gezielte Gestaltung der IT Governance geht einher mit einem Umdenken. Insbesondere im Zuge der fortschreitenden Kommodisierung der IT sind es gerade die betriebswirtschaftlich-fachlichen Konzepte für deren Nutzung, die den Ausschlag für Wertbeitrag und Verbesserungen geben können.

ITIL und COBIT als dazu geeignete Modelle weisen verschiedene Schwerpunkte auf, ein kombinierter Ansatz wäre somit sinnvoll. Die Hinzunahme weiterer Standards und Normen würde schließlich alle Zielsetzungen der IT Governance abdecken. Ein solches eklektisches Vorgehen scheint jedoch nur auf den ersten Blick zielführend. Vom Verlust des einheitlichen Begriffsgebrauchs, über die verschiedenartigen Einführungsstrategien bis hin zu stark divergierenden Metriken würden viele Vorteile eines homogenen Referenzmodells aufgegeben. Die inhaltlich sinnvolle Kombination der praktisch erprobten Vorgehensweisen bedarf wissenschaftlicher Fundierung und Unterstützung. Literatur zum Mapping von ITIL und COBIT existiert bereits, das ITGI hat schon bei COBIT 4.0 Teile auf ITIL referenziert [ITGI05, S. 197]. Die Gestaltung eines holistischen Referenzmodells und dessen Bewährung in der Praxis steht noch aus. Jedoch bereits mit den bestehenden Referenzmodellen können Unternehmen maßgebliche Verbesserungen hin zu Wertschöpfung, Kundenorientierung und sparsamer Ressourcennutzung gewinnen, Zertifizierungen erreichen und ihre Position im Markt verbessern. Die Einführung und kontinuierliche Verbesserung einer zielgerichteten IT Governance kostet viele Ressourcen – eine Unterlassung dieses Schrittes kostet auf lange Sicht erheblich mehr.

Microsoft hatte wohl doch einige der genannten Punkte berücksichtigt und konnte drei Tage nach Verlust der Sidekick-Daten eine gelungene Wiederherstellung für die Masse der Nutzer vermelden, nach dem doch noch ein Backup gefunden werden konnte [HEIS09].

Quellenverzeichnis

[BÖTT08]   Böttcher, R.: IT-Servicemanagement mit ITIL V3. Einführung, Zusammenfassung und Übersicht der elementaren Empfehlungen. Heise Zeitschriftenverlag, Hannover 2008.

[BUHL08]   Buhl, U.: ITIL Praxisbuch. Beispiele und Tipps für die erfolgreiche Prozessoptimierung. 2. Aufl., mitp Verlag, Heidelberg 2008.

[FETT04]   Fettke, P.; Loos, P.: Systematische Erhebung von Referenzmodellen. In: http://deposit.ddb.de/ep/netpub/74/34/45/972453474/_data_stat/isym_pa per_019.pdf, Erstellungsdatum 2004.

[FRÖH07a]   Fröhlich, M.; Glasner, K. (Hrsg.): IT Governance. Leitfaden für eine praxisgerechte Implementierung. Gabler Verlag, Wiesbaden 2007.

[FRÖH07b]   Fröhlich, M. et al.: Sichten der IT Governance. In: IT Governance (2007) 1, S. 3-8.

[GAUL06]   Gaulke, M.: CobiT als IT Governance Leitfaden. In: HMD - Praxis der Wirtschaftsinformatik (2006) 250, S. 21-28.

[HEIS09]   In: http://www.heise.de/newsticker/meldung/Microsoft-stellt-Daten-von-Sidekick-Kunden-wieder-her-829724.html, Erstellungsdatum 16.1.2009.

[HILB08]   Hilb, M.: Integrierte Corporate Governance. Ein neues Konzept der wirksamen Unternehmens-Führung und -Aufsicht. Springer Verlag. Berlin 2008.

[HUBE09]   Huber, B.: Managementsystem für IT-Serviceorganisationen. Entwicklung und Umsetzung mit EFQM, COBIT, ISO 20000, ITIL. Dpunkt Verlag, Heidelberg 2009.

[ITGI03]   IT Governance Institute: IT Governance für Geschäftsführer und Vorstände. In: http://www.isaca.org/Template.cfm?Section=Home&CONTENTID=33261&TEMPLATE=/ContentManagement/ContentDisplay.cfm, Erstellungsdatum 2003.

[ITGI05]   IT Governance Institute: COBIT 4.0. In: http://www.isaca.at/Ressourcen/CobiT%204.0%20Deutsch.pdf, Erstellungsdatum 2005.

[ITSM07]   Cartlidge, A. et al.: An Introductory Overview of ITIL® V3. In: http://www.itsmfi.org/files/itSMF_ITILV3_Intro_Oveiview.pdf, Erstellungsdatum 2007.

[JOHA06]   Johannsen, W.; Goeken, M.: IT Governance – neue Aufgaben des IT-Managements. In: HMD - Praxis der Wirtschaftsinformatik (2006) 250, S. 7-20.

[JOHA07]   Johannsen, W.; Goeken, M.: Referenzmodelle für IT Governance. Strategische Effektivität und Effizienz mit COBIT, ITIL & Co. Dpunkt Verlag, Heidelberg 2007.

[MASA06]   Masak, D.: IT-Alignment. Springer Verlag. Berlin 2006.

[MICR09]   In: http://www.microsoft.com/presspass/press/2009/oct09/10-13sidekick.mspx, Erstellungsdatum 13.10.2009.

[OLBR08]   Olbrich, A.: ITIL kompakt und verständlich. Vieweg+Teubner Verlag, Wiesbaden 2008.

[PFIT05]   Pfitzer, N. et al.: Deutscher Corporate Governance Kodex. Ein Handbuch für Entscheidungsträger. Schäffer-Poeschel Verlag, Stuttgart 2005.

[PICO97]   Picot, A. et al.: Information, Organisation and Management. Expanding Markets and Corporate Boundaries. Wiley Verlag, West Sussex 1997.

[SAND08]   Sandrino-Arndt, B.: 3P Model of IT Governance. In: http://www.itgi.org/AMTemplate.cfm?Section=2008&Template=/ContentManagement/ContentDisplay.cfm&ContentID=48407, Erstellungsdatum 2008.

[SCHE06]   Scheer, A.; Thomas, O.: Business Engeneering mit Referenzmodellen - Konzeption und informationstechnische Umsetzung. In: IM Information Management & Controlling (2006) Bd. 21, S. 65-71.

[SCHI09]   Schickler Studie IT Governance. In: http://www.schickler.de/deutsch/dieGruppe/Studien/2009/Schickler_Studie_IT Governance_2009-01-15_Vs_2.pdf, Erstellungsdatum 15.01.2009.

[SCHM08]   Schmelzer, H.; Sesselmann, W.: Geschäftsprozessmanagement in der Praxis. Kunden zufriedenstellen. Produktivität steigern. Wert erhöhen. Hanser Verlag, München 2008.

[THOM06]   Thomas, O.: Das Referenzmodellverständnis in der Wirtschaftsinformatik: Historie, Literaturanalyse und Begriffsexplikation. In: http://scidok.sulb.uni-saarland.de/volltexte/2006/636/pdf/IWi-Heft_187.pdf, Erstellungsdatum Januar 2006.

[WEIL04]   Weill, P.; Ross, J.: IT Governance. How Top Performers Manage IT Decision Rights for Superior Results. Harvard Business School Press, Boston 2004.